E. Grünewald

Die Gesetzgebung auf photographischem Gebiete

E. Grünewald

Die Gesetzgebung auf photographischem Gebiete

ISBN/EAN: 9783744637862

Hergestellt in Europa, USA, Kanada, Australien, Japan

Cover: Foto ©Thomas Meinert / pixelio.de

Weitere Bücher finden Sie auf **www.hansebooks.com**

Die Gesetzgebung

auf

photographischem Gebiete

Systematisch dargestellt

von

E. Grünewald

Amtsgerichtsrath in Metz

Erweiterter und ergänzter Sonder-Abdruck

aus »Apollo« Band I/II.

Dresden 1896

Verlag des „Apollo"

Reissigerstr. 38.

I.

Die hohe Bedeutung und Ausbildung, welche die Photographie in den letzten Jahrzehnten nach den verschiedensten Richtungen ihrer Verwendung erfahren hat, führte in den meisten Kulturstaaten mit Nothwendigkeit dazu, den Urhebern ihrer Erzeugnisse einen Rechtsschutz gegen widerrechtliche Nachbildung einzuräumen. Gegenwärtig handelt es sich lediglich um die Frage des Umfangs dieses Schutzes, insbesondere darum, ob die Photographie bei der grossen Vervollkommnung ihrer Werke in der Neuzeit den gleichen Rechtsschutz beanspruchen kann, wie ihn die Kunstwerke geniessen. Das deutsche Photographieschutzgesetz vom 10. Januar 1876 versagt der Photographie diesen höheren Schutz. Ebenso ist der ihr durch das österreichische Gesetz vom 26. Dezember 1895 gewährte ein minderer, jedoch in mancher Beziehung weiter reichend, als der des deutschen Gesetzes. Auch anerkennt die Begründung des österreichischen Gesetzes, dass bei der Fertigung der Photographie eine geistige Mitwirkung des Photographen ›durch die künstlerische Auswahl des darzustellenden Objektes zum Ausdruck gelangt‹, und dass man es bei der

Photographie mit einem ›kunstähnlichen‹ Verfahren zu thun habe. Andere Länder, wie England, Frankreich, Belgien, Italien bewilligen der Photographie entweder ausdrücklich im Gesetze oder durch entsprechende Auslegung ihrer Gesetze in der Rechtssprechung den nämlichen Rechtsschutz, wie den Werken der bildenden Künste.

Ebenso getheilt sind die Anschauungen hierüber auf dem Gebiete der Literatur, und möchten wir zunächst auf die höchst interessanten Urtheile hinweisen, welche von 37 hervorragenden, modernen Meistern der Malerei hierüber erst jüngstens abgegeben wurden und sich in dem Jahrbuch ›Gut Licht‹ (Bd. I S. 113 bis 136) [1]) abgedruckt finden. Bulloy in seiner Schrift ›La propriété photographique et la loi française‹ [2]) äussert sich in dieser Beziehung dahin: ›Die Photographie hat das Recht, geschützt zu werden. Denn sie ist unbestreitbar eine persönliche Schöpfung. Es werden bei ihrer Ausführung Werkzeuge zur Hülfe genommen, wie bei allen graphischen Künsten, aber es muss die Konzeption vorhergehen, und der Geist hat die Ausführung geleitet.‹ Dann an einer anderen Stelle: ›Der Photograph wählt die richtige Zeit und Beleuchtung, den besten Punkt zur Aufnahme, er beobachtet die grossen Regeln der Komposition, vertheilt die Flächen u. s. f.‹ Zum Schluss bemerkt dieser Schriftsteller, ›dass die Photographen nicht nur das Recht haben, in das Gebiet des künstlerischen Eigenthumsrechtes

---

1) Dresden. Verlag des „Apollo“.
2) Photographisches Archiv N. 787 S. 102.

einzutreten, sondern dass es sogar unmöglich ist, sie davon auszuschliessen.« Ein anderer neuerer Schriftsteller auf diesem Gebiete, Dr. jur. Bohuslav, spricht sich [3]) dahin aus: »Die Thätigkeit des Photographen beschränkt sich keineswegs blos auf die Ueberwachung des mechanischen Prozesses, dieselbe besteht vielmehr darin, dass der Lichtbildner die Natur mit künstlerischem Auge betrachtet und das Künstlerische, was in derselben vorhanden ist, herauszulesen versteht. Wenn wir zugeben müssen, dass in der Natur künstlerisch verwerthbare Situationen und Stimmungen vorkommen, und dass eine künstlerische Thätigkeit dazu gehört, diese Situationen herauszufinden und sie so aufzunehmen, dass ihnen dadurch ein poetischer Reiz verliehen wird, so müssen wir folgerichtig auch zugeben, dass ein unter diesen Auspizien hergestelltes Lichtbild ein Kunstwerk und sein Urheber ein Künstler ist.«

Nach Alfred Lichtwark, einer bekannten Autorität auf dem Gebiete der Kunstwissenschaft [4]), ist »der photographische Apparat als Ausdrucksmittel für die künstlerische Individualität zu betrachten. Es prägen sich bei Betrachtung von Leistungen ernsthafter Photographen bestimmte Physiognomien ein, bestimmte Charakterköpfe, wie man es bisher nur bei den bildenden Künstlern gewohnt war. Der künstlerisch veranlagte Photograph kann ein Künstler werden, der, statt zu zeichnen, photographirt; nur ist die Photographie abhängig von ihrem Objekte, sie hat ein be-

---

3) „Der Photograph" 1896 N. 10 S. 30 u. 31.
4) „Ueber die Bedeutung der Amateurphotographie", Halle 1891.

schränktes Feld gegenüber dem unermesslichen Reiche der Kunst, und ihre Darstellungsmittel sind einförmig gegenüber den zahllosen Mitteln der Malerei, aber innerhalb der durch das Material beschränkten Schranken hat die Photographie heutzutage künstlerische Ziele erreicht.«

Auch wir selbst haben schon früher in Abhandlungen (N. 542 und 544 des Photographischen Archivs 1888), dann in unserer Darstellung des Urheberrechtes auf dem Gebiete der bildenden Kunst und Photographie [5]), von denselben Gesichtspunkten geleitet, diese Ansicht vertreten.

Das im Jahre 1865 erlassene bayerische Photographieschutzgesetz hat in Art. 28 die Photographie als »Kunstverfahren« bezeichnet und in der Anerkennung eines solchen ihren Erzeugnissen denselben Rechtsschutz zu Theil werden lassen, wie den Werken der bildenden Künste. In der Münchener Kunstmetropole verstand man schon damals den Werth der Fhotographie gehörig zu würdigen, während dieselbe in Berlin nur eine recht bescheidene und zurückhaltende Beurtheilung fand. Der Reichstag des norddeutschen Bundes, also unter Nichtbetheiligung der bayerischen Stimmen, entschloss sich im Jahre 1870 lediglich aus Gründen der »Zweckmässigkeit« dazu, der Photographie überhaupt einen Rechtsschutz zu bewilligen.

Wie unzureichend derselbe im Gesetz vom 10. Januar 1876 ausfiel, haben in bald 20 jähriger Geltung desselben Photographen und Kunsthändler, welche photo-

---

graphische Werke verlegen, leider in zahllosen Fällen und zwar nicht blos in denjenigen, die Gegenstand von Prozessen wurden, zu ihrem Schaden erfahren müssen.

Die Kommission, die das Gesetz berieth, nannte die Photographie >Fertigkeit<, die allerdings kein blosses Handwerk sei, da sie Geschmack und Sinn für gutes Arrangement, wissenschaftliche und technische Kenntnisse voraussetzen. Die bayerische Auffassung, dass sie eine künstlerische Bedeutung habe oder ein Kunstverfahren sei, wie das bayerische Gesetz annahm, sei eine >überschwängliche< und sogar eine >veraltete<. Desshalb könne der Photographie nicht dasselbe Maass von Rechtsschutz zukommen, wie den bildenden Künsten. Einige Mitglieder der Kommission waren in der Geringschätzung der Photographie noch weiter gegangen und stellten das Bedürfniss nach dem Rechtsschutz überhaupt in Abrede.

Von solchen Gesichtspunkten aus und in vollster Verkennung der Entwicklung, welche die Photographie damals bereits genommen hatte und bisher in ungeahnter Weise erreicht hat und noch weiter erlangen wird, kam das Reichsgesetz zu Stande. Dass d i e s e Auffassung vielmehr und zwar eine >sehr veraltete< ist und bereits bei der Schöpfung des Gesetzes war, dagegen keineswegs die Beurtheilung als Kunst verfahren, bedarf heutzutage wohl keiner weiteren näheren Darlegung.

Lediglich in Folgerung solch niederer gesetzlicher Auffassung der Photographie als >Fertigkeit< ist es, dass das Gesetz im Gegensatze zu den übrigen Urhebergesetzen, insbesondere zum Künstler- und zu den beiden Musterschutzgesetzen dem Photographen auch nicht den Namen und Rang eines ›Urhebers‹ zuerkannt, sondern nur vom ›V e r f e r t i g e r d e r p h o t o g r a p h i s c h e n A u f n a h m e‹ spricht (§§ 1, 5 lit b, 6, 7, 9), weil ›das photographische Bild seine Enstehung dem Verfertiger desselben nicht unmittelbar verdankt‹, und nach der Anschauung des Regierungsvertreters ›die Photographie n i c h t a u s d e r g e i s t i g e n Thätigkeit des Photographen hervorgeht, sondern lediglich ein Produkt der Lichtwirkung ist.

Die Unrichtigkeit und Mangelhaftigkeit dieser Auffassung dürfte sich aus unserer obigen Darlegung ergeben, und wir wiederholen es als eine gegenwärtig nicht mehr zu bestreitende Thatsache, dass die Urheberschaft der Werke der Photographie eines über den Rahmen des Gesetzes vom 10. Januar 1876 hinausgehenden wirksameren und kräftigeren Rechtsschutzes dringend bedarf. Im Verlauf unserer Darstellung werden wir auf die Einzelpunkte, in denen solche Verbesserungsbedürftigkeit besonders hervortritt, näher eingehen.

Auch der Deutsche Photographen-Verein hat sich mit dieser Frage eingehend beschäftigt und durch Professor Bruno Meyer in Berlin eine sehr beachtenswerthe Denkschrift mit Vorschlägen ausarbeiten lassen[6]), welche dem XVII. Kongress der ›Association littéraire et artistique internationale‹, der im Herbst 1895 zu Dresden tagte, mit dem Antrag vorgelegt wurde, zu

---

[6]) Siehe Abdruck aus der Festgabe für den XVII. internationalen literarischen und künstlerischen Kongress, Dresden 1895.

beschliessen, dass den Photographien ohne Unterschied im Prinzip ein ähnlicher gesetzlicher Schutz eingeräumt werde, wie er zu Gunsten der Kunstwerke besteht. Zwar kam dieser Antrag nicht zur Verhandlung, jedoch wurde zugesagt, dass das photographische Schutzgesetz auf die Tagesordnung des nächsten Kongresses, der in Bern stattfinden wird, gesetzt werden soll.

Diesen Stand der Sache im Allgemeinen vorausgeschickt, werden wir nunmehr zur systematischen Darstellung und Beleuchtung unseres deutschen Photographieschutzgesetzes selbst übergehen.

II.

Gegenstand des photographischen Rechtsschutzes.

Durch das Ph.-Sch.-Ges. v. 10. Januar 1876 ist der Rechtsschutz für alle durch Photographie oder ein derselben ähnliches Verfahren neu hergestellte Abbildungen gewährt. Das photographische Verfahren im eigentlichen Sinne, mittelst dessen das Bild unter Einwirkung des Lichtes mechanisch ensteht, ist chemischer Natur und umfasst in der Regel den Silber-, Pigment- und den Platindruck. Zu den der Photographie ähnlichen Verfahrungsweisen zählen die photomechanischen Vervielfältigungsarten, wie Lichtdruck, Woodburydruck, Photo- und Heliogravüre, Pyrographie, photographischer Stein- und Metalldruck, Anilin- und Glasdruck, Photozinkographie oder Autotypie, sowie der Dreifarbendruck

Bei allen diesen Verfahrungsweisen geschieht aber die Vervielfältigung nicht, wie bei der Photographie, mittelst Einwirkung des Lichtes, sondern auf rein mechanische Weise, z. B. wird bei der Autotypie eine Zinkätzung für Hochdruck, d. h. für die Buchdruckerpresse hergestellt. Weil ihnen aber ein photographisches Negativ als Grundlage dienen muss, sie dadurch also mit der Photographie in Verbindung stehen, werden sie derselben gleich gestellt und geniessen den nämlichen Rechtsschutz (§§ 1 und 11 Ph.-Sch.-G.).

Dagegen erstreckt sich dieser Rechtsschutz nicht auch auf die photographische Platte, d. h. das Negativ d. h. das Glas, die Gelatine und das Silber, aus dem es besteht. Denn dasselbe trägt nur die Natur eines technischen Hülfsmittels, eines Werkzeuges des Photographen an sich, mittelst dessen er das Bild anfertigt. Das Bild allein ist das photographische Erzeugniss. Hat es der Photograph auf Bestellung oder im Auftrage eines Anderen gefertigt, so gehört ihm, dem Photographen, das Negativ, und der Besteller oder Auftraggeber, der doch nur ein Interesse am Besitze des Bildes allein hat, kann es von ihm ohne besondere Vereinbarung nicht fordern, auch die eigene Benutzung, da es überhaupt nicht den Gegenstand der Bestellung bildet, für sich nicht beanspruchen. Ebensowenig darf es aber auch der Photograph selbst ohne Erlaubniss des Bestellers oder Auftraggebers weiterhin benutzen. Dagegen wird in der oben unter N. I. erwähnten Meyer'schen Denkschrift von dem Gesichtspunkte aus, dass der Werth des Urheberrechts gerade »in der Möglichkeit, es zu benutzen, liegt« und ein solches »an dem bestellten photographischen Werke ohne Besitz des betreffenden Negatives (oder wenigstens das Recht auf diesen Besitz) ein begreiflicher Unsinn ist«, die Abänderung dahin gewünscht, dass der Besteller eine Bildniss-Aufnahme mit der Verfügung über das Urheberrecht auch das Recht auf den Besitz der Negativplatte erhalte.

Nach der Natur und ebenso von einem Kunstwerk (Gemälde, Zeichnung oder Skulptur), das für sich rechtlich nicht geschützt ist, kann Jedermann unmittelbar eine photographische Aufnahme machen und zwar ohne Rücksicht darauf, ob davon bereits eine solche, die von einem anderen Photographen herrührt, besteht oder nicht. Dagegen ist das Ph. Sch.-G. auf Photographien von solchen Kunstwerken, die selbst noch gegen Nachdruck oder Nachbildung geschützt sind, unanwendbar (§ 1 Abs. 2. a. a. O.). In solchen Fällen hat der Photograph, der vom Urheber des Originalwerkes die Befugniss zur photographischen Vervielfältigung erworben hat, keinen besonderen Schutz für seine Aufnahmen, sondern nur als dessen Rechtsnachfolger denjenigen, den jener Urheber selbst nach § 2 des Künstlergesetzes vom 9. Januar 1876 oder nach §§ 3 und 43 des Urhebergesetzes vom 11. Juni 1870 für sein Werk geniesst. Diese Vorsicht ist gerechtfertigt. Denn käme einer solchen photographischen Nachbildung der selbstständig nur 5 Jahre dauernde Schutz des Ph.-Sch.-G. zu, dann würde die Photographie schon nach Ablauf dieser Frist Gemeingut und damit offenbar auch das Original-Kunstwerk schutzlos werden, da nach dieser Frist die Photographie selbst ohne Weiteres wieder nachgebildet werden darf.

Bei der Wirkung des § 5 Ziff. 2 des Künstlergesetzes aber, wonach jede in Verbreitungsabsicht ohne Genehmigung des Berechtigten nach einer Nachbildung des Originals hergestellte Wiedernachbildung verboten ist, währt der Schutz der Photographie in solchen Fällen auf die Lebensdauer des Urhebers des Originals und noch 30 Jahre nach seinem Tode.

Ein anderer Fall ist, wenn der Künstler-Urheber des Originals oder sein Rechtsnachfolger einem Photographen die Herstellung von einer Einzelkopie

ohne das ausschliessliche Nachbildungs- und Ver-
breitungsrecht bewilligt. Hier kann der Photograph für
seine Einzelkopie auch den Schutz des § 7 des Künstlergesetzes nicht beanspruchen, diese ist vielmehr
schutzlos, da die Photographie nach dieser Vorschrift
nicht zu den dort geschützten »Kunstverfahren« gehört.
Der Künstler allein ist befugt, eine weitere Nachbildung
seines Werkes als Verletzung s e i n e s Rechtes zu
verfolgen.

An dieser Stelle dürfte auch die vom Tribunal
zu Brüssel am 31. März 1894 entschiedene Frage
interessiren, ob die p h o t o g r a p h i s c h e W i e d e r -
g a b e von U r k u n d e n, die bei Gericht oder bei
Notaren hinterlegt sind, von Demjenigen, der ein
Interesse daran hat, verlangt werden können. Diese
Frage, welche in keinem Gesetze erwähnt ist, ist zu
verneinen. Denn Gerichte und Notare dürfen von den
bei ihnen verwahrten Urkunden und Aktenstücken
den Betheiligten nur Ausfertigungen oder Abschriften
ertheilen, oder sie auch denselben zur Einsicht vor-
legen. Die Gewährung einer photographischen Aufnahme davon oder auch nur eine Beglaubigung dahin,
dass die photographirte Urkunde mit dem Originale
übereinstimmt, könnte möglicherweise zu den verschiedensten Unzuträglichkeiten führen.

Der Rechtsschutz der photographischen Erzeugnisse
gegen Nachbildung und Vervielfältigung ist aber durch
§ 5 des Ges. u n b e d i n g t an die Förmlichkeit gebunden, dass dasselbe und zwar j e d e e i n z e l n e
Abbildung oder auf ihrem Karton mit einem Vermerk
versehen ist, der den N a m e n oder die F i r m a und
den W o h n o r t des V e r f e r t i g e r s der Original-

Aufnahmen, also desjenigen, der die negative Platte
hergestellt hat, oder des Verlegers, ferner das
Kalenderjahr, in dem die rechtmässige Abbildung
zuerst erschienen, d. h. verbreitet wurde, enthält.
Durch Beifügung des Kalenderjahres wird vorbehaltlich
des Gegenbeweises die Berechnung der Schutzfrist
dargethan. Dieser Vermerk wurde desshalb als Voraussetzung für den Rechtsschutz aufgenommen, weil
es sonst bei der namhaften Zahl von Photographien
unmöglich wäre, die Person des Berechtigten, der die
Genehmigung zur Nachbildung zu geben hat, festzustellen.

Doch nur die für den Verkehr bestimmten Abbildungen der Originalaufnahmen gelten als schutz-
bedürftig, dagegen nicht das negative Bild, das durch
die Camera unmittelbar hervorgebracht wird, da der
Verfertiger dessen Vervielfältigung einfach dadurch
hindern kann, dass er die Platten nicht aus den
Händen giebt.

Fehlt auf einer Abbildung jener Vermerk, so ist
sie schutzlos und kann ohne Rechtsverletzung auf
mechanischem Wege nachgebildet und vervielfältigt
werden.

Wer den photographischen Rechtsschutz gerichtlich
— vor dem Civil- oder Strafrichter — geltend macht,
hat lediglich darzulegen, dass die von ihm heraus-
gegebenen Abbildungen im Ganzen und Allgemeinen
die Schutzvermerke an sich tragen, hat also nicht zu
beweisen, dass kein Bild ohne einen solchen in den
Handel oder zur Vertheilung gekommen ist. Vielmehr liegt dem Gegner der Nachweis ob, dass er die
Nachbildung nach einer mit dem Vermerk nicht ver-

sehenen Einzelkopie gefertigt hat. In der Meyer'schen
Denkschrift wird beantragt, auf die Angabe des Jahres
bei der technischen Eigenthümlichkeit des photographischen Kunstverlags, in welchem photographische
Auflagen nur nach Bedarf, also in verschiedenen
Jahren, hergestellt werden, zu verzichten. Bei der
erfahrungsgemässen Richtigkeit des Grundes können
wir diesen Wunsch nur billigen.

III.

Von den Befugnissen des Urhebers einer Photographie.

Als Urheber oder Verfertiger der Photographie gilt, wie sich aus der vorigen Darstellung (II) ergiebt, nur derjenige, dessen Namen sich auf der Photographie verzeichnet findet, und der in der Regel auch die negative Platte hergestellt haben wird. Er allein besitzt das ausschliessliche Recht, die Photographie auf mechanische Weise ganz oder theilweise, z. B. durch Herausnahme einzelner Theile, Gruppen oder Figuren nachzubilden und zu verbreiten. Dabei ist es gleichgiltig, ob er die Photographie als Beruf oder als blosse Liebhaberei (sog. Amateur-Photograph) ausübt (vergl. § 1 des Ges.).

Das Recht zur Nachbildung und Verbreitung bildet ein Vermögensrecht, wie jedes andere, und geht daher nach dem Ableben des Urhebers, falls ein letztwilliges Verbot desselben nicht entgegensteht, auf seine Erben über. Ebenso kann es vom Urheber auch durch jeglichen Vertrag (z. B. auch durch Schenkung) auf einen anderen übertragen werden (§ 7 des Ges.), In beiden Fällen geschieht der Uebergang des Rechts, namentlich der Anspruch auf Rechtsschutz, nur in dem Umfange, den es zur Zeit der Rechtsnachfolge in der Person des Vorgängers gehabt hat. Dies ist insbesondere bezüglich der noch laufenden Dauer der Schutzfrist von Bedeutung. Im gewöhnlichen Verkehr kommt als Uebertragungsform meistens der Verlagsvertrag vor, der für den das Recht erwerbenden Verleger in Ermangelung besonderer Vorbehalte die ausschliessliche Befugniss zur Nachbildung, Vervielfältigung und Verbreitung in sich begreift.

Der vertragsmässige Rechtsübergang braucht nicht ausdrücklich erklärt, sondern kann auch stillschweigend aus Thatsachen, die mit Nothwendigkeit darauf schliessen lassen, z. B. regelmässig aus der Ueberlassung der negativen Platte gefolgert werden. Ferner kann der Vertrag Bedingungen oder Beschränkungen von jeder rechtlich zulässigen Art in Bezug auf die Zeitdauer, das räumliche Absatzgebiet, sog. getheiltes Verlagsrecht in verschiedenen bestimmten Ländern, die Benutzung des Negativs zur mechanischen Vervielfältigung lediglich auf eine bestimmt vereinbarte Verfahrungsweise u. dgl. enthalten, oder es kann das Recht nur als Pfand oder zum Niessbrauch bestellt werden.

Bezüglich der erwähnten Beschränkung des Absatzgebietes ist zu bemerken, dass die Herstellung der Nachbildung der Photographie im Gebiete des anderen Verlegers zum Zwecke der Verbreitung im eigenen Gebiete nicht unstatthaft ist, und dass bezüglich der Beschränkung der Zeit, die nach ihrem Ablaufe noch vorhandenen, jedoch innerhalb derselben hergestellten Exemplare anstandslos verbreitet werden dürfen.

Dem Erwerber des Rechts steht die Befugniss zur Weiterveräusserung desselben, wenn solche in der Vereinbarung nicht ausgeschlossen wurde, in demselben Umfange zu, als er es erworben hat.

Dagegen berechtigt die einfache Hingabe eines photographischen Bildes zum Eigenthum nicht an sich und ohne Weiteres zur Nachbildung, Vervielfältigung und Verbreitung.

Nur bei photographischen Bildnissen (Porträts) geht das Recht zur gänzlichen oder theilweisen mechanischen Nachbildung und Vervielfältigung derselben auch ohne Vertrag, also von Rechtswegen, auf den Besteller über und zwar in dem nämlichen Umfange, den es in den Händen ihres Verfertigers hat, aber auch nicht weiter, was insbesondere von der Dauer des Schutzrechts gilt, worüber das Nähere bei der Darlegung der Schutzfrist zur Erörterung kommen wird. Der Besteller der Abbildung wird in der Regel der Abgebildete selbst oder einer seiner Angehörigen sein. Ihnen allein kommt das Verfügungsrecht über die photographische Aufnahme des Bildnisses zu und zwar auch dann, wenn sie die Bilder wegen ungenügenden oder mangelhaften Ausfalls als unannehmbar an den Photographen zurückgegeben haben.

Auf Grund derselben Vorschrift ist dem Photographen auch die öffentliche Ausstellung oder das Aushängen eines photographischen Bildnisses im Schaukasten ohne die ausdrückliche Zustimmung des Abgebildeten oder seiner Angehörigen untersagt, selbst wenn damit der Zweck der Veräusserung nicht verbunden wird.

Selbstverständlich kann der Besteller sein Nachbildungsrecht auf den Photographen übertragen. Eine Ausnahme hiervon besteht nur, wenn das Bild vom Abgebildeten selbst nicht bestellt und deshalb von ihm bei der Aufnahme gewöhnlich auch nicht bezahlt wird, vielmehr die Abbildung ‿ lediglich im Interesse des Photographen geschieht, damit sie derselbe für seine Rechnung verbreite, wie es bei der Aufnahme hervorragender und berühmter Persönlichkeiten häufig vorkommt. In solchem Falle ist, wenn der Abgebildete die Nachbildung und Verbreitung nicht ausdrücklich untersagt hat, anzunehmen, dass diese Befugnisse dem Photographen zustehen sollen. Ist die photographische Aufnahme gegen oder ohne den Willen des Abgebildeten erfolgt, z. B. bei Momentaufnahmen, so kann auf Grund des Photographie-Schutzgesetzes nach Ablauf von 5 Jahren die Nachbildung und Verbreitung nicht weiter gehindert werden, und stehen dem Abgebildeten nur noch die gewöhnlichen Instanzen der Civilklage auf Untersagung jener Handlungen, oder der Privatklage, falls sich darin eine Beleidigung erkennen liesse, gegen den Verfertiger der Photographie zu. Hat der Besteller innerhalb der gesetzlichen Schutzfrist von der Nachbildung keinen Gebrauch gemacht, dann verliert die photographische Aufnahme den Rechtsschutz und kann von Jedermann nachgebildet werden.

Von Interesse dürfte es sein, an dieser Stelle nachstehende, jüngstens von Herrn Geheimen Justizrath Keyssner in einer Sitzung der »Freien photographischen Vereinigung« zu Berlin gemachten Erörterungen (entnommen aus der Berliner Börsenzeitung) über das Recht am eigenen Bilde folgen zu lassen:

Eigenthümer eines durch Malerei, bezw. Bildhauerkunst hergestellten Abbildes ist unzweifelbaft das Urbild. Das ist ohne Weiteres klar in all den Fällen, wo das Urbild das Abbild bestellt hat. Der ausführende Künstler ist nicht berechtigt, ohne besondere Genehmigung des Urbildes Nachbilder herzustellen. An diesem Grundsatz ändert auch das neue bürgerliche Gesetzbuch nichts, wenn es bestimmt, dass, wer durch Verarbeitung oder Umbildung eines oder mehrerer Stoffe eine neue bewegliche Sache herstellt, dadurch das Recht des Eigenthums dieser Sache erwirbt, denn der Künstler schafft im vorliegenden Falle nicht für sich, sondern steht im Lohndienst des Urbildes und hat nur auf den Lohn Anspruch, beziehungsweise, das heisst, wenn der ausbedungene Lohn nicht bezahlt wird, das Retentionsrecht auszuüben. Aber auch dann, wenn der Künstler vermittelst des Gedächtnisses ein Abbild schafft, ruht nicht das Persönlichkeitsrecht des Urbildes, die Gedächtnisskraft mindert die Verletzung dieses Rechtes nicht, und der Künstler darf auch in solchen Fällen das Abbild ohne Genehmigung des Urbildes weder öffentlich ausstellen, noch verkaufen, noch zum Zwecke der Herstellung von Nachbildern verwenden. Damit ist auch festgestellt, dass kein Mensch es zu dulden braucht, dass sein Bild zu Illustrationszwecken benutzt wird, und wenn in derartigen Fällen fast immer Nachsicht geübt wird, so liegt dies nur daran, dass man sich freiwillig des Einspruchsrechts enthält, entweder aus Gleichgiltigkeit oder weil man sich durch die Werthschätzung, welche in der Aufnahme des Bildes liegt, sogar geschmeichelt fühlt. Das Recht am eigenen Bilde erstreckt sich aber ferner auch auf Spott- und Zerrbilder; auch Spott- und Zerrbilder seiner Person braucht Niemand zu dulden, und dadurch, dass er sie in einem oder auch in sehr vielen Fällen duldet, begiebt er sich keineswegs des Rechts, in jedem beliebigen weiteren Fall klagbar zu werden, wie die bekannte Klage Bismarcks gegen den »Kladderadatsch« bewiesen hat. In gleicher Weise regelt sich das Rechts- verhältniss dem Photographen gegenüber. Auch am photographischen Bild ist das Recht des Urbildes unzweifel- haft, soweit es sich um bestellte Bilder handelt; es entsteht nun aber die Frage, wie weit die heimliche Entnahme des Bildes (durch Momentphotographie) geschützt ist. Auch da will Keyssner einen sehr weitgehenden Schutz. Er hält für unzulässig jede erkennbare Aufnahme einer Person auch im Landschafts- oder Architekturbild und will nur die Fälle ausgenommen, also freigegeben wissen, wo die zuständige Aufnahme eines Bildes auf Zeit und Ort beschränkt, wie beispielsweise bei den Aufnahmen aus Anlass der Bismarck-jubelfeier. Wer sich zu einer solchen Zeit an einen Ort, wie den Schlosspark von Friedrichsruh begiebt, entsagt eben damit seines Rechts am eigenen Bilde. Das gilt natürlich auch für die Fälle, wo man merkt, dass irgendwo eine Aufnahme stattfinden soll, und man absichtlich im Bereiche der Camera verbleibt.

Das Urheberrecht des Photographen an den von ihm hergestellten photographischen Erzeugnissen ist sein hohes persönliches Recht. Es steht daher in seinem freien Belieben, ob er die photographische Aufnahme nutzbringend verwerthen will oder nicht. Ein Zwang hierzu würde dies persönliche Recht, und nicht blos eine vermögensrechtliche Befugniss verletzen. Von diesem Gesichtspunkte aus ist auch die vom Gesetze nicht geregelte Frage zu beurtheilen, ob und inwieweit das Urheberrecht des Photographen an seinen photographischen Bildern zu Gunsten seiner Gläubiger pfändbar ist oder nicht.

Zunächst ist in dieser Hinsicht hervorzuheben, dass photographische Bildnisse, da sie nach § 7 des Ph.-Sch.-G. dem Besteller derselben gehören, und ebenso die von den sogenannten Amateur-Photographen hergestellten Bilder, weil bei ihnen in der Regel eine nutzbringende Verwerthung nicht beabsichtigt ist, von der Zwangs-vollstreckung nicht betroffen werden können. Dagegen ist dieselbe statthaft, sobald der Photograph die photographische Aufnahme zur Vervielfältigung, Verwerthung und Verbreitung bestimmt und diesen Entschluss durch eine äusserliche Thatsache kundgegeben hat, jedoch nur in dem Maasse, als solches geschehen ist, was besonders für den Umfang der beabsichtigten Auflage des photographischen Bildes von Bedeutung ist. Aber nicht das photographische Urheberrecht als solches, sondern blos die Ausübung desselben ist pfändbar. Diese Ausübungsbefugniss stellt sich im Gegensatz zu den gewöhnlichen Forderungen als ein ›anderes Vermögensrecht‹ dar, bei dessen Pfändung es nach § 754 Abs. 3 der Civilprozessordnung Sache des hierfür anzugehenden Gerichts ist, die besonderen Anordnungen zu erlassen. In diesen Fällen dürfte es sich als zwekmässig empfehlen, dass das Gericht nach Anhörung des Schuldners, dessen Interessen nicht weniger als die des pfändenden Gläubigers hierbei zu wahren sind, dem letzteren entweder die Befugniss zum Selbstverlag, oder wenn sich derselbe hierzu nicht eignet, zur Uebertragung des Verlags an einen Anderen zugesprochen wird.

Das Nämliche gilt von den Erben des schuldenden Photographen. Gegen sie kann ebensowenig ein Zwang zur Verwerthung der geerbten photographischen Aufnahmen geübt werden, sofern sie nicht etwa selbst civilrechtlich dazu verpflichtet sein sollten.

Anders liegt die Sache, wenn die photographischen Erzeugnisse bereits in die Hand des Verlegers gelangt sind, und es sich um eine Schuld des Letzteren handelt, zu deren Deckung seine Gläubiger die erstmalige oder wiederholte Vervielfältigung und Verbreitung der photographischen Bilder zwangsweise in dem Maasse herbeiführen können, als der Verleger ohne Genehmigung des Photographen das Verlagsrecht zu veräussern befugt ist, wenn es also nach des Letzteren Willen n i c h t an die Person des Erwerbers des Verlagsrechts gebunden ist.

Anlangend den Umfang des Geltungsgebiets unseres Photographie - Schutzgesetzes, so erstreckt sich dasselbe nur auf die photographischen Erzeugnisse der im deutschen Reich wohnhaften Photographen. Dabei ist es unerheblich, ob die Photographie im Inlande oder Auslande erschienen oder überhaupt noch nicht veröffentlicht ist. Die Werke der ausländischen Photographen dagegen geniessen den Rechtsschutz nur dann und insoweit, als Staatsverträge solches ausdrücklich bestimmen. Da nach dem Standpunkte des deutschen Gesetzes die Photographien nicht zu den Werken der Kunst gehören, so sind die von Deutschland mit der Schweiz am 13. Mai 1869 und 23. Mai 1881, mit Frankreich am 19. April 1883, mit Belgien am 12. Dezember 1883 und mit Italien am 20. Juni 1884 über den Schutz der Rechte an literarischen Erzeugnissen und Werken der Kunst eingegangenen Staatsverträge auf den Schutz der photographischen Erzeugnisse gegen Nachbildung nicht anwendbar.

Die Berner Uebereinkunft, betreffend die Bildung eines internationalen Verbandes zum Schutz von Werken der Literatur und Kunst, vom 9. September 1886 bestimmt bezüglich der Photographien in Ziff. 1 des Schlussprotokolls, dass diejenigen Verbandsländer, die denselben den Charakter von Werken der Kunst nicht versagen, die Verpflichtung übernehmen, ihnen die Vortheile des in dieser Uebereinkunft enthaltenen gegenseitigen Rechtsschutzes zu Theil werden zu lassen, jedoch, abgesehen vom internationalen Abkommen, nur insoweit, als solches nach ihrer einheimischen Gesetzgebung angeht. Für den künstlerischen Charakter der Photographien haben sich bisher Wissenschaft und Rechtsprechung in Frankreich, Grossbritannien, Oesterreich, Belgien, Spanien, Italien und Griechenland ausgesprochen.

Die mit Genehmigung des Berechtigten angefertigten Photographien eines bereits geschützten Kunstwerks geniessen dagegen nach der Berner Uebereinkunft in allen Verbandsstaaten gesetzlichen Schutz im Sinne derselben so lange, als das Recht zur Nachbildung des Originalwerkes dauert, und in den Grenzen des zwischen den Betheiligten abgeschlossenen Privatvertrages.

Bei Berathung dieser Uebereinkunft hatte Frankreich, das, wie schon hervorgehoben wurde, die Photographien als Werke der Kunst betrachtet, zu verschiedenen Malen beantragt, dass auch auf sie der gegenseitige internationale Rechtsschutz ausgedehnt werde. Allein Deutschland hat diesen Antrag mit Rücksicht auf seinen Standpunkt, wonach die Photographie höchstens als Kunstgewerbe anzusehen ist, entschiedenen Widerspruch entgegengesetzt. Um den verschiedenen Anschauungen gerecht zu werden, hat man sich alsdann auf obige Vorschriften geeinigt.

Der gegenwärtige internationale Verkehr, insbesondere auch auf dem Gebiete der Photographie drängt dahin, den Kreis der Schutzberechtigungen eher auszudehnen, als zu beschränken; desshalb dürfte sich bei einer Reform unseres so sehr verbesserungsbedürftigen Photographie-Schutzgesetzes, selbst abgesehen von besonderen Staatsverträgen, empfehlen, den deutschen Rechtsschutz auch auf photographische Werke ausländischer Photographen unter der Voraussetzung zu erstrecken, dass die Gesetzgebung des betreffenden Auslandes den Werken unserer inländischen Photographen solchen gewährt. Auch in These 14 der Meyer'schen Denkschrift wird ein solcher Wunsch ausgesprochen.

IV.

Dauer des photographischen Rechtsschutzes.

Im Gegensatz zu dem Rechtsschutz, der den Urhebern von Werken der bildenden Künste auf Lebensdauer und 30 Jahre nach ihrem Tode gesetzlich eingeräumt ist, hat § 6 des Photographie-Schutzgesetzes denselben für die ›Verfertiger‹ von Photographien nur auf fünf Jahre beschränkt. Diese kurze Frist wurde für den Photographen, dem ein Urheberrecht im eigentlichen Sinne des Wortes vorenthalten wurde, für ausreichend gehalten, um sein ausschliessliches Recht der Vervielfältigung und Verbreitung nutzbringend und geschäftlich auszubeuten, und zwar gilt diese kurze Schutzfrist auch für die in ein Schriftwerk aufgenommenen Photographien, so dass dieselben in solchem Falle einen weitaus kürzeren Schutz geniessen, als das Schriftwerk selbst. Nach Ablauf dieser Frist wird das photographische Erzeugniss Gemeingut und kann anstandslos von Jedermann mechanisch nachgebildet und vervielfältigt werden.

Die Kürze dieser Schutzfrist beruht eben auf der sich durch das ganze Gesetz hindurchziehenden grundlosen Misskennung und Unterschätzung des kunsttechnischen Werthes der Photographie und des darauf beruhenden Anspruches ihres Urhebers auf Schutz seiner sich hieraus unbedingt ableitenden unveräusserlichen individuellen Rechte auf thunliche Gleichstellung mit den Werken der bildenden Künste. Nach den übereinstimmenden und nachweisbaren Urtheilen der namhaftesten Inhaber photographischer Anstalten und Verleger photographischer Werke leiden gerade und am meisten die besseren und hervorragenden photographischen Erzeugnisse in geschäftlicher Beziehung beträchtlich in Folge dieser zu kurz bemessenen Schutzfrist durch die ihnen so bald drohende Gefahr unbeschränkter Nachbildung. Mit Recht bildet sie daher einen der wichtigeren Beschwerdepunkte seitens aller betheiligten Kreise, der Photographen, Herausgeber und Verleger, sowie des Deutschen Photographenvereins, der beantragt hat, auszusprechen, dass der Photographie ein gesetzlicher Schutz in demselben Maasse bewilligt werde, das dem zu Gunsten der Kunstwerke bestehenden ähnlich ist. In dieser Hinsicht wird in der Meyer'schen Denkschrift ausgeführt, dass die Schutzfrist für Photographien in einer der Zahl nach fest bestimmten Zeit bestehen müsse, also nicht wie bei den übrigen Urhebergesetzen, auf Lebenszeit und zu Gunsten der Erben und Rechtsnachfolge des Photographen über dessen Tod hinaus erstreckt werden dürfe, weil die Photographie dem geschäftlichen Betriebe unterliege und daher in der Regel dem Betriebsgeschäfte selbst und nicht dem persönlichen Verfertiger des Bildes das Urheberrecht zukomme. Als Schutzdauer wird eine Frist von mindestens 15 Jahren und höchstens 30 Jahren vorgeschlagen, die von der Veröffentlichung oder dem Beginn der geschäftlichen Verwerthung der Photographie an zu berechnen wäre. Diesen Vorschlägen können wir nach so manchen auf diesem Rechtsgebiete gesammelten Erfahrungen unbedingt und voll beipflichten. Die persönlichen und geschäftlich materiellen Interessen des Photographen, sowie Verlegers seiner Erzeugnisse werden hierdurch genügend gewahrt. Wenn nach diesem Vorschlag der Zeitpunkt der Veröffentlichung oder geschäftlichen Verwerthung des photographischen Bildes für den Ausgangspunkt der zu berechnenden Schutzfrist angenommen wird, kann es wohl geschehen, dass, falls die Schutzfrist für das Original bereits weit vorgeschritten und sogar schon abgelaufen ist, für dieses der Schutz aufhört oder nicht mehr besteht, während er für die photographische Nachbildung noch fortdauert oder erst beginnt. Dieser Umstand ist aber bedeutungslos und findet seine Analogie in § 7 des Künstlergesetzes, wonach den mittelst eines anderen Kunstverfahrens, z. B. durch Kupferstich nachgebildeten Werken für sich selbst der gleiche Rechtsschutz zu Theil wird, wie dem Originalkunstwerke selbst.

Anlangend die Berechnung der gegenwärtig zu Recht bestehenden Frist von fünf Jahren, so wird das Jahr, in dem die photographische oder sonstig photomechanisch oder photochemische Abbildung der Originalaufnahme zuerst erschien, d. h. für die Abnehmer durch das Publikum in Verkehr gebracht wurde, nicht mit eingerechnet, so dass der Fristverlauf erst nach Ablauf des Erscheinungsjahres beginnt. Im Falle des Nichterscheinens solcher Abbildungen wird die fünfjährige Frist vom Ablauf desjenigen Kalenderjahres an gerechnet, in dem das Negativ der photographischen Aufnahme entstanden ist, so dass der

Photograph, der erst im fünften Jahre Abbildungen
vom Negativ fertigt, thatsächlich eine 10 jährige Schutzfrist gewinnen kann.

Bei Werken, die in mehreren Bänden oder Abtheilungen erschienen, wird die Schutzfrist nach § 14
des Urhebergesetzes vom 11. Juni 1870 vom ersten
Erscheinen eines jeden Bandes oder einer jeden Abtheilung an gerechnet. Bei solchen aber, die in einem
oder in mehreren Bänden eine einzige Aufgabe
behandeln und mithin als in sich zusammenhängend
zu betrachten sind, beginnt die Schutzfrist erst nach
dem Erscheinen des letzten Bandes oder der letzten
Abtheilung. Für die Beurtheilung eines solchen Falles
ist der Inhalt des Schriftwerks massgebend. Bei
Berathung des Gesetzes wurde hierbei besonders an
die photographischen Wandkarten, Darstellungen ana-
tomischer Präparate und dergleichen gedacht, die oft
mehrere Abtheilungen umfassen.

Ist jedoch zwischen der Herausgabe einzelner
Bände oder Abtheilungen ein Zeitraum von mehr als
drei Jahren verflossen, so sind bezüglich der Schutzfrist die vorher erschienenen Bände oder Abtheilungen
als ein für sich bestehendes Werk und ebenso die
nach Ablauf der drei Jahre erscheinenden weiteren
Fortsetzungen als neues Werk zu behandeln. Das
Kalenderjahr der Herausgabe früherer Bände wird in
die diesjährige Frist nicht mit eingerechnet.

Auch der Besteller eines photographischen Bildnisses (Porträts) geniesst, da er sein Recht zur Nachbildung nur vom Photographen ableitet, oder vielmehr
das in § 1 des Gesetzes ausgesprochene Schutzrecht
des Photographen sofort in seiner, des Bestellers,

Person entsteht (vergl. § 7 des Gesetzes), desshalb auch keinen höheren Anspruch als der Photograph, also nur die fünfjährige Schutzfrist für seine Bilder, so dass, falls er von seinem Rechte der Nachbildung im Laufe dieser Frist keinen Gebrauch macht, er die Befugniss verliert, dies Recht mit der Wirkung der Aus-schliessung Dritter auf einen Anderen zu übertragen, und das Bildniss kann überhaupt von Jedermann nach-gebildet werden.

Das Interesse des Bestellers eines Bildnisses ist aber in der Regel ein ganz anderes als das des Photo-graphen. Es ist gewöhnlich ein höchst persönliches, intimes und familiäres. Der Besteller desselben will das Bild nicht ohne oder gegen seinen Willen ver-breiten lassen. Darum dürfte sich bei der Reform des Photographieschutzgesetzes bei Bestimmung der Schutzfrist noch der Zusatz empfehlen, dass das Recht der Vervielfältigung und Verbreitung des Bestellers von photographischen Bildnissen ohne Zeitbeschränkung nur von dessen Zustimmung oder der seiner Rechts-nachfolger abhängt.

Ist die photographische Aufnahme gegen oder ohne den Willen des Abgebildeten, z. B. mittelst Momentaufnahme erfolgt, so kann nach Ablauf von fünf Jahren die Nachbildung und Verbreitung nicht weiter gehindert werden, und stehen dem Abgebildeten nur noch die gewöhnlichen aber sehr zweifelhaften Rechtswege der Civilklage auf Untersagung jener Handlungen, oder der Privatklage zu, falls sich darin eine Beleidigung erkennen liesse.

— ❧ —

V.

Verbot der Nachbildung, Vervielfältigung und Verbreitung eines photographischen Werkes.

Während die Erzeugnisse der bildenden Künste mit nur wenigen Ausnahmen gegen jede künstlerisch unselbstständige Benutzung, die mit der Absicht des Verbreitens geschieht, geschützt sind, ist dieser Schutz für photographische Werke nur auf die ohne Genehmigung des Berechtigten und zugleich mit der Absicht der Verbreitung erfolgende Wiedergabe derselben in mechanischer Form beschränkt. (§ 3 des Photographie-Schutz-Gesetzes vom 10. Januar 1876.)

Der Begriff der Nachbildung selbst ist hierbei allerdings nicht zu eng zu fassen und wird auch bei Vornahmen von unwesentlichen Abänderungen oder Verbesserungen des Originals angenommen. Allein was unter »mechanischer« Nachbildung zu verstehen ist, hat das Gesetz nicht festgestellt. Als »nicht-mechanische« Fertigung ist an sich jede mit Darstellungsmitteln der Kunst geschehene Herstellung zu betrachten. Wohl erfordern auch Kupfer- und Stahlstich, Lithographie und Holzschnitt zu ihrer Vervielfältigung mechanische Behandlung, gelten aber trotzdem nicht als mechanische Nachbildungen, weil das Bild auf der Kupfer- oder Stahlplatte, auf dem

lithographischen Stein oder Holzstock, künstlerisch auf-
gezeichnet und ausgeführt wird, und das Mechanische
sich nur auf die Herstellung der Abdrücke beschränkt.
In einem Urtheil vom 20. September 1882 hat
das Reichsgericht die Nachbildung als mechanisch
erklärt, »wenn es wesentlich die dem menschlichen
Willen und der Technik dienstbar gemachten elementaren Künste der Natur sind, welche die Reproduktion bewirken, ohne dass die individuelle geistige
Menschenkraft zu der Leitung mehr beiträgt, als es
die Lenkung und Leitung jener Naturkräfte mit sich
bringt. Solange nur diese elementaren Faktoren der
Bewegungskraft, der Wärme, des Lichtes, der chemischen
Agentien pp. in dem Verfahren überwiegen, wird
das letztere die Eigenschaft eines mechanischen be-
wahren, auch wenn, sei es technisch, sei es künstlerisch,
eine gewisse sekundäre Mitwirkung frei schaffender
Menschenkraft unverkennbar hervortritt. Da wo die
Photographie nur als Grundlage frei benutzt
worden ist, um daraufhin ein neues Werk hervor-
zubringen, hört der Begriff der mechanischen Nachbildung auf«. Die Gesetzesmotive (S. 35) äussern
sich hierüber folgendermassen: »Die photographische
Aufnahme soll gegen jede mechanische Nachbildung geschützt werden, gleichviel ob die Nachbildung wiederum durch Photographie oder ein anders
mechanisches Verfahren hergestellt wird. Dagegen
findet ein Schutz der Photographie gegen solche Nachbildungen, welche auf nicht mechanische Weise, namentlich mittelst der malenden oder zeichnenden
Kunst angefertigt sind, nicht statt. Es kann allerdings
nicht geleugnet werden, dass auch der Holzschnitt,

die Lithographie, der Kupfer- oder Stahlstich unter Umständen zu geringerem Preise hergestellt werden können, als die Photographie, und dass dieselben also in das Absatzgebiet der photographischen Aufnahme beeinträchtigend eingreifen können. Allein vorwiegend wird der Photograph nur dadurch geschädigt, dass sein Werk wiederum durch Photographie oder ein sonstiges mechanisches Verfahren reproduzirt wird, und es erschien daher vorzuziehen, die auf nicht mechanischem Wege hergestellte Nachbildung zu gestatten«.

Bei Aufstellung dieses Rechtssatzes wurde hauptsächlich an die Nachbildung mittelst Photographie selbst oder vorzugsweise mittelst eines derselben ähnlichen Verfahrens, also an die verschiedenen photomechanischen oder photochemischen Methoden, wovon wir in No. 2 unserer Abhandlung in Bd. I S. 166 das Nähere besprochen haben, gedacht. »Aber auch die Uebertragung einer photographischen Aufnahme auf Stein, Holz oder auf eine Metallplatte durch Abklatsch kommt in Betracht. Werden dann auf dem Produkte des mechanischen Verfahrens nur die Linien nachgezeichnet oder durch Retouche Zuthaten geschaffen, so verändert dieses den Charakter der Nachbildung als eine mechanische keineswegs«. (Allfeld Erläuterungen S. 344.)

Widerrechtlich ist auch die photographische Nachbildung, wenn sie von einer anderen Nachbildung der Originalphotographie erfolgt ist. Ebenso ist die nur theilweise Nachbildung verboten, sofern das Entlehnte nicht so unbedeutend ist, dass hierin eine Be-

einträchtigung des Urheberrechts an der Original-
photographie überhaupt nicht gefunden werden kann.
Was übrigens die angedeutete Nachbildung einer
Photographie durch ein Darstellungsmittel der bildenden
Kunste (Gemälde, Zeichnung, Plastik) und die h i n -
w i e d e r u m v o n d i e s e m künstlerischen Werke
h e r g e s t e l l t e p h o t o g r a p h i s c h e N a c h -
b i l d u n g betrifft, so mag schon hier — abgesehen
von der späteren Erörterung des einschlägigen § 8
Ph.-Sch.-G. — hervorgehoben werden, dass ein der-
artiges Verfahren sicherlich dann verboten ist, wenn
das nachgebildete Kunstwerk n i c h t den Charakter
einer individuellen geistigen Schöpfung an sich trägt,
vielmehr eine unselbstständige Anlehnung an die Vor-
lage und Abhängigkeit davon bekundet, so dass ihm
nicht die Vorschrift des § 8 Ph.-Sch.-G. und § 7 des
Künster-Gesetzes vom 9. Januar 1876 zu Gute kommt.
Solches gilt selbst dann, wenn die technische Ausführung des der Photographie nachgebildeten Kunstwerks als eine künstlerische Leistung anerkannt werden
muss. Auch ist nicht lediglich die r e i n mechanische,
sondern schon die w e s e n t l i c h e mechanische Nachbildung photographischer Werke unstatthaft, so dass
es nicht darauf ankommt, ob dabei schlechthin unwesent-
liches Beiwerk auf nicht mechanischem Wege hergestellt wurde.

Diese Darlegung lässt unschwer erkennen, dass
hier der schwächste Punkt des Photographieschutzgesetzes liegt. Bei den mehrfachen Bestrebungen zur
Erzielung einer Reform dieses Gesetzes wurde bereits
von mehrfacher Seite, insbesondere von dem deutschen
Photographen-Verein und von der Handelskammer zu

Leipzig betont, dass die hohe Vervollkommnung, welche die verschiedenen Arten der photographischen Vervielfältigungen erlangt haben, das von Jahr zu Jahr wachsende Arbeitsfeld dieses Gebietes und der damit verbundene ausserordentliche Einfluss der Photographie unbedingt einen umfangreicheren, besseren und sicheren Schutz gegen unberechtigte Nachbildung erfordern. Das schon früher erwähnte Gutachten des Professor Bruno Meyer hat denn auch mit Recht den Satz aufgestellt, dass die Photographie gegen jede Nachbildung, nicht blos gegen die »mechanische« zu schützen sei. Zur Begründung wird angeführt: »Dass die unbedingte Freigabe jeder nicht-mechanischen Nachbildung die Handhabe zu einer empörenden Praxis der Umgehung des Photographie-schutzes gegeben hat, ist eine kaum noch von irgend einer nicht an der Freibeuterei interessirten Seite in Abrede zu stellende Thatsache der Erfahrung; und es erweist sich beim Versuche der Gestaltung eines brauchbaren Vorschlages leichter, gegenüber dem uneingeschränkten Nachbildungs-Verbot eine verständige Freiheit für die künstlerische Benutzung und Verwerthung photographischer Originale offen zu halten, als dem Missbrauch solcher Benutzung vorzubauen, wenn nur die mechanische Nachbildung verboten ist. Auch ist es offenbar logischer, ein ganz allgemeines Verbot einzuschränken, als ein begrenztes hinterher zu erweitern«. Eine Ausnahme davon wäre nur im Interesse der Kunst und Wissenschaft zu gestatten und auch hierin ist diesem Gutachten beizutreten.

Uebrigens gilt das Verbot mechanischer Nachbildung, wie schon Eingangs erwähnt ist, nur, wenn

die mündliche oder schriftliche G e n e h m i g u n g
d e s B e r e c h t i g t e n, also des Verfertigers der
Photographie oder seiner Erben oder sonstigen Rechtsnachfolger mangelt, oder falls dieselbe lediglich für ein
einzeln bestimmtes Verfahren gegeben ist, soweit die
Nachbildung diese Grenzen überschreitet, ferner wenn
die A b s i c h t, die Nachbildung zu v e r b r e i t e n,
festgestellt ist. Eine thatsächlich ausgeführte Verbreitung ist nicht erforderlich. Diesen Begriff der
V e r b r e i t u n g nach Absicht des Gesetzes im
weitesten Sinne zu nehmen, umfasst jede, selbst
die nicht öffentliche Mittheilung oder Zugänglich-
machung für andere Personen oder einen grösseren
Personenkreis. Selbst das Aushängen oder die Aufstellung einer Photographie zur öffentlichen Ansicht im
Schaukasten, was insbesondere auch für photographische
Bildnisse (Porträts) gilt, fällt darunter. Darum braucht
sich der Besteller solcher Bildnisse auch deren Ausstellung oder Aushängung nicht gefallen zu lassen.

Welches die Zahl der nachgebildeten Photographien
auch sein, ist unerheblich. Es genügt unter Umständen
die Erzeugung auch nur e i n e s Exemplars.

Nur dann, wenn bei Herstellung der mechanischen
Nachbildung der e i g e n e P r i v a t g e b r a u c h ins
Auge gefasst ist, erscheint die Verbreitungsabsicht aus-
geschlossen.

Aber auch das v o r s ä t z l i c h e, g e w e r b s -
m ä s s i g e F e i l h a l t e n, V e r k a u f e n oder
sonstiges V e r b r e i t e n widerrechtlich nachgebildeter
Photographien f ü r s i c h a l l e i n ist nach § 9 des
Ph.-Sch.-G. im Zusammenhalte mit § 25 des Nach-
druckgesetzes vom 11. Juni 1870 verboten. Der

Thäter muss also wissen, dass es unerlaubt hergestellte photographische Nachbildungen sind, die er verbreitet, oder es muss ihm wenigstens gleichgiltig sein, ob es solche sind oder nicht. Dagegen ist eine solche aus blosser Fahrlässigkeit begangene Verbreitung straflos. Diese Bestimmung ist von besonderer Bedeutung für Sortimentsbuchhändler und Colporteure.

Gewerbsmässig ist die Verbreitung, wenn sie zum Erwerb und zur Erzielung von Gewinn, auch nur im Wege der Reklame geübt wird. Selbst die einmalige Verbreitung ist eine solche, falls der Verbreiter hierbei z. B. als Kunsthändler in Ausübung seines Gewerbes handelt.

VI.

Statthaftigkeit freier Benutzung von Photographien.

In § 2 Ph.-Sch.-G. wird die ›freie Benutzung eines durch Photographie hergestellten Werkes zur (d. i. bei) Hervorbringung eines neuen Werkes‹ unbeschränkt gestattet. Dabei ist ein Unterschied, ob das neue Bild, bei dessen Fertigung die Photographie benutzt wird, in mechanischer Weise zu Stande kommt, nicht gemacht. Eine solche erlaubte, freie Benutzung kann aber nur dann angenommen werden, wenn die Photographie für das neu geschaffene Bild lediglich die äussere geistige Anregung, den Gedanken gegeben hat, und darin nach ihren wesentlichen Theilen nicht mehr erkennbar ist, vielmehr infolge geistiger Verarbeitung und Umgestaltung ihre frühere Selbstständigkeit in der Hauptsache eingebüsst hat. Ungeachtet der Anlehnung an die zu Grunde liegende Photographie muss sich also das neue Bild als selbstständig erfundene, eigenthümliche neue geistige Arbeit darstellen.

Bezüglich der Verwendung von photographischen Einzelbildnissen war die Rechtsprechung bereits mit einem Falle befasst, und das Reichsgericht (U. v. 29. März 1886 Slg. Entsch. Bd. 14 S. 51) hat sich in dieser Beziehung darüber dahin ausgesprochen: ›Als erlaubt wird auch die mechanische

Nachbildung des Originalporträts selbst in allen Fällen
gelten müssen, in denen diese Nachbildung ihre
Selbstständigkeit als solche völlig eingebüsst
hat und der integrirende Theil einer Neuschöpfung
geworden ist. Dies wird in erster Reihe zutreffen,
wenn die Nachbildung es überhaupt nicht mehr auf
blosse Reproduktion des Porträts im eigentlichen Sinne
abgesehen, sondern dasselbe für die bildliche Darstellung eines historischen, genrehaften oder
ähnlichen Herganges nur als Bestandtheil des letzteren
verwerthet hat. Nicht minder wird man selbst einem
lediglich aus mechanisch nachgebildeten Porträts zu-
sammengesetzten Gruppenbilde dann den Charakter
der Neuheit und Eigenthümlichkeit zugestehen, wenn
die Gruppe als solche nicht in dem rein mosaikartigen
Nebeneinander verschiedener Einzelporträts, sondern
in der geistigen Verbindung der letzteren durch Ein-
fügung einer gemeinsamen Handlung, eines die Figuren
verknüpfenden Vorganges besteht«.

Das durch Benutzung der Photographie hergestellte
neue Bild muss also unbedingt das Erforderniss der
Selbstständigkeit haben und dem benutzten Bilde
gegenüber diesen Charakter offenbaren. Desshalb
können auch Abweichungen durch blosse Veränderung
der Dimensionen, Nachziehen von Linien, Zuthaten
mittelst Retouche, rein äusserliches Nebeneinander-
gruppiren einzelner Photographien unter keinen Umständen als freie Benutzungen gelten.

An dieser Stelle mag noch ein anderer Fall, der
jedoch nicht zur richterlichen Entscheidung gelangt
ist, erörtert werden. Ein Photograph hatte vom Staate,
als Inhaber eines Kunstbaues, die Genehmigung zur

einmaligen photographischen Aufnahme von dessen
Innern, sowie zur Vervielfältigung und Verbreitung
erlangt. Später ertheilte der Staat dieselbe Erlaubniss
einem andern Photographen. In der Zeit zwischen
der vom ersten und der vom zweiten Photographen
genommenen Aufnahme hatte das Innere des Gebäudes
eine wesentliche Aenderung durch Aufstellung eines
grösseren Skulpturwerkes daselbst erfahren, das auch in
der zweiten Aufnahme dargestellt war. Der erste
Photograph fertigte hierauf nach der Natur eine Handzeichnung von dem veränderten Zustande jenes Innern
mit der Statue, photographirte die Zeichnung im Verhältniss zur Grösse seiner früheren photographischen
Aufnahme, klebte die also photographirte Aenderung
in den betreffenden Raum seiner früheren Photographie,
fertigte hierauf ein neues photographisches Negativ,
brachte die davon hergestellten photographischen
Bilder zur Verbreitung, welche nunmehr das gegenwärtig bestehende Aussehen des Innern des Kunstbaues
gleich denen des zweiten Photographen darstellen.

Zweifellos machte der erste Photograph dem zweiten
durch dies Verfahren geschäftliche Konkurrenz. Liegt
aber darin, fragt es sich nun, eine Zuwiderhandlung
gegen das Photographieschutzgesetz und kann auf
Grund desselben jenem die Vervielfältigung und Verbreitung verboten werden? Die Frage ist zu verneinen.
Eine mechanische Nachbildung der durch den zweiten
Photographen hergestellten photographischen Aufnahme
hat seitens des ersten nicht stattgefunden, ebensowenig
aber eine freie Benutzung derselben im obigen gesetzlichen Sinne. Denn der erste Photograph gebrauchte
seine eigene, von ihm mit staatlicher Erlaubniss ge-

fertigte Photographie, und hat dieselbe nur in einem statthaften Verfahren dem gegenwärtigen Stande des dargestellten Raumes entsprechend ergänzt, dabei also nicht die Photographie des zweiten Photographen, sondern seine Handzeichnung benutzt.

So lange im deutschen Reiche der gegenwärtig dem Reichstag zur Berathung vorgelegte Entwurf eines bürgerlichen Gesetzbuches (§ 746) noch nicht zum Reichsgesetz geworden ist, könnte in den Rechtsgebieten des nicht-rheinischen Rechts (Code civil) einem solchen Verfahren des ersten Photographen gegenüber dem zweiten nur mittelst der bezüglich des Erfolgs sehr zweifelhaften Betrugsklage (actio doli) begegnet werden. Zu deren Begründung müsste aber vom zweiten Photographen bewiesen werden, dass thatsächlich ein Schaden entstanden ist, dass der erste Photograph arglistig gehandelt hat, und dass Arglist und Schaden im ursprünglichen Zusammenhange stehen. Dagegen genügt nach dem in dieser Hinsicht viel praktischeren französischen Rechte (Art. 1382 Code civil), das in der preussischen Rheinprovinz, Rheinpfalz, Hessen, Baden und Elsass-Lothringen gilt, schon der Nachweis, dass der Beklagte »par des moyens malhonnêtes« die Kundschaft des Klägers an sich gerissen hat, während der Beweis eines thatsächlich entstandenen Schadens, der wohl nur sehr schwer zu führen ist, nicht gefordert wird.

VII.

Die gesetzliche Freigabe der an einem industriellen Erzeugnisse befindlichen Photographien.

§ 4 des Photographieschutzgesetzes lautet: »Die Nachbildung eines photographischen Werkes, wenn sie sich an einem Werke der Industrie, der Fabriken, Handwerke oder Manufakturen befindet, ist als verboten nicht anzusehen«.

Eine Einschränkung bezüglich der Art der Nachbildung, wie sie § 3 a. a. O. enthält, ist hier nicht gemacht. Dieselbe ist also nicht blos im Wege der künstlerischen, sondern insbesondere auch in mechanischer Form, d. h. mittelst Photographie oder eines derselben ähnlichen Verfahrens gestattet.

Das nachzubildende Werk muss selbstständig, für sich betrachtet, d. h. ohne Rücksicht auf das industrielle Werk, an dem es sich befindet, ein solches sein, das den photographischen Rechtsschutz nach § 1 des Ph.-Sch.-G. geniesst. Sobald die Verbindung der Photographie mit dem gewerblichen Gegenstand stattgefunden hat, oder sobald dieselbe auch nur hierzu bestimmt oder geeignet ist, hört der Rechtsschutz ohne Weiteres auf, und die Nachbildung steht jedermann unbedingt frei. Hiervon ist auch nicht einmal zu Gunsten der photographischen Bildnisse (Porträts) eine Ausnahme gemacht. Wenn also der Urheber oder Besteller (§ 7 Ges. u. f.) die Benutzung des photographisch hergestellten Porträts zu einem industriellen Werke erlaubt, so giebt er damit ohne Weiteres die unumschränkte Nachbildung desselben zu. Die Verbindung zwischen dem Industriewerk und der Photographie muss eine derartige sein, dass jenes die Haupt-, diese aber die Nebensache ist. Die Photographie darf sich nicht als für sich selbstständiges Bild darstellen, wie solches bei den unter Glas und Rahmen zur Aushängung oder Ausstellung gebrachten der Fall ist. Sie soll vielmehr nur als Beiwerk, ergänzender Bestandtheil, Zierrath oder Schmuck am Gewerbegegenstande angebracht oder sonst mit ihm in Verbindung gebracht sein und zwar zu dem Zwecke und mit dem wirklichen Erfolg, dem industriellen Interesse zu dienen, die Formschönheit, den Geschmack und damit die Absatzfähigkeit des Fabrikats bei der Verwerthung im Gebrauch und Handel zu erhöhen. Dadurch verliert die Photographie auch ihre Bedeutung als selbstständiges Bild. Derartige Verbindungen von Photographien mit Industriewaaren kommen unter Anderem bei Etiquetten von Parfümerien, Bonbons, Chokoladestücken, Lebkuchen, bei Glasbildern, an Tischen, Albumdeckeln, Briefbeschwerern, auch Taschen- und Halstüchern und dergl. vor. Uebrigens braucht die Verbindung keineswegs eine organische oder untrennbare zu sein. Es genügt, wenn sie auch nur lose ist, wie bei den Briefbeschwerern aus Glas, unter das die Photographie eingeschoben wird. Auch das ändert daran nichts, dass die auf der Umhüllung angebrachte Photographie nach Herausnahme der darin befindlichen Waare für sich selbst doch wieder als selbstständiges Bild gelten kann.

Mit der Verbindung scheidet die Photographie, wie bereits oben erwähnt, aus dem Gebiete des Photographie-Schutzrechts aus und tritt als Beiwerk des industriellen Gegenstandes zugleich mit diesem in den Bereich der Industrie. Dabei ist es gleichgiltig, ob die photographische Abbildung im Original oder eine Nachbildung davon verbunden wurde, ferner ob solches mit oder ohne Zustimmung des Photographen geschehen ist. Soweit die Voraussetzungen hierfür gegeben sind, kommen dann auf das ganze industrielle Werk als Einheit, einschliesslich der Photographie, die Vorschriften des Musterschutzgesetzes vom 11. Januar 1876 oder des Gebrauchsmusterschutzes vom 1. Juni 1891 zur Anwendung, d. h. sie gelten im Sinne dieser Gesetze entweder als gewerbliche Geschmacks- oder als Gebrauchs- oder Nützlichkeitsmuster.

Nur sehr ausnahmsweise stellt sich die Anbringung der Photographie an dem gewerblichen Gegenstande als gesetzlich verbotene Nachbildung dar; nämlich dann, wenn, wie schon erörtert wurde, sich aus der Art und Weise der Verbindung ergiebt, dass thatsächlich die Photographie die Hauptsache ist und für den Handel bilden soll, die dagegen lediglich zur Täuschung und zum Zwecke der Umgehung des photographischen Rechtsschutzgesetzes geschehen ist. Der andere Fall ist der, wenn die an den Waaren angebrachten photographischen Abbildungen Nachbildungen von Kunstbildwerken sind, die selbst noch durch das Kunstgesetz vom 9. Januar 1876 gegen Nachbildung geschützt sind.

Diese photographischen Nachbildungen können in solchem Falle wegen der Fortdauer des Rechtsschutzes nach dem Künstlergesetz am Original keinen selbstständigen Schutz als Photographie auf Grund des Ph.-Sch.-G. beanspruchen (§ 1 Abs. 2 dieses Gesetzes). Hiervon besteht auch dann keine Ausnahme, wenn das Kunstbildwerk selbst an einem industriellen Gegenstande sich befindet, da nach der ausdrücklichen Vorschrift des § 5 Ziff. 3 des Künstlergesetzes im Gegensatze zum Ph.-Sch.-G. § 4 die Nachbildung desselben in diesem Falle verboten ist. Hat der Künstler einem Photographen die photographische Abbildung eines Kunstwerkes gestattet, so darf der letztere ungeachtet der Erlaubniss die Photographie nicht für die Anbringung an einem gewerblichen Gegenstande gestatten, ohne dass der Künstler oder dessen Rechtsnachfolger vorher seine ausdrückliche Zustimmung dazu gegeben hat. Soweit wirkt der Rechtsschutz des Künstlers bezüglich seines Originals fort. Nur dann und soweit ist solches rechtlich zulässig, als der Photograph selbst Rechtsnachfolger des Künstlers und damit verfügungsfähiger Herr des Originals geworden ist.

Aus dieser Darstellung des gegenwärtigen Rechtszustandes ist wohl zur Genüge ersichtlich, dass das gesetzliche Verbot der photographischen Nachbildung in Wahrheit auf das denkbar geringste Maass herabgedrückt ist. Im Entwurf zum Ph.-Sch.-G. war auch die Nachbildung der an gewerblichen Gegenständen befindlichen Photographien ausdrücklich für verboten erklärt. Allein die Gesetzgebungskommission hat in einer, heute geradezu unverständlichen und grundlosen Unterschätzung der Photographie diesen

Schutz hier für überflüssig gehalten und die Freigabe vorgeschlagen, die denn auch zum Beschluss und Gesetz erhoben wurde.

Wie wir bereits an einer anderen Stelle (vgl. Hermann Schnauss' Jahrbuch ›Gut Licht!‹ Bd. I S. 34 bis 39) ausführlich dargethan haben, liegt hier ein offener Zwiespalt zwischen der allgemein herrschenden Rechtsüberzeugung und dem Gesetze vor. Bei dem umfassenden Gebrauche, der von dieser Freigabe gemacht wird, sind gerade die bedeutenderen und besseren Photographen und photographischen Anstalten mit ihren Prachtbildern am meisten der gewissenlosesten industriellen Freibeuterei Preis gegeben.

Auch Professor Bruno Meyer erklärt in seinen gutachtlichen Vorschlägen (S. 7) diese Freigabe für einen ›argen Missgriff des Gesetzes‹. Sie habe ›zur völligen Schutzlosigkeit auch der photographischen Bildnisse geführt‹, und sei durch ›keinen sachgemässen Grund zu rechtfertigen‹. Wir können nur seiner in dieser Richtung vorgeschlagenen These 8, die dahin geht: ›Zu Gunsten der Industrie erleichternde Ausnahmen, beziehungsweise Schutzeinschränkungen eintreten zu lassen, liegt kein Grund vor‹, voll und ganz beistimmen.

VIII.

Die Gutachten der Sachverständigen-Vereine.

Die bisherigen Erörterungen dürften ersehen lassen, dass die Entscheidung der Fragen, ob im Einzelfalle überhaupt eine photographische Nachbildung vorliegt, und wenn, ob dieselbe als verbotene anzusehen ist, ferner ob dadurch ein Schaden oder eine rechtswidrige Bereicherung, und in welcher Höhe (z. B. über die Feststellung, dass von den Originalexemplaren ebensoviel mehr abgesetzt worden wären, als Nachbildungsexemplare verkauft wurden) verursacht wurde, mit mancherlei mehr oder minder grossen Schwierigkeiten verbunden ist. Die Lösung dieser Frage setzt eine Reihe von technischen Vorkenntnissen auf dem Gebiete der Kunst, der Photographie, des Kunsthandels, sowie Kunstverständniss voraus. In der Regel werden diese Kenntnisse, wenigstens insgesammt, dem Richter fehlen, wenngleich sie bei der gegenwärtigen Verbreitung der Amateur-Photographie nicht als gänzlich ausgeschlossen zu betrachten sind. Ist demnach der Richter in der Lage, den gesammten Thatbestand auch in seinen technischen Seiten durch eigene Prüfung nach seiner freien, aus der Verhandlung geschöpften Ueberzeugung festzustellen, so kann er die Entscheidung ohne Weiteres treffen, und dabei von der Einholung eines Gutachtens durch Sachverständige absehen. Es steht also im freien richterlichen Ermessen, ob ein solches zu erheben ist oder nicht. Um aber dem Gerichte kundige und zuverlässige Sachverständige zur Verfügung zu stellen, hat das Ph.-Sch -G. in § 10 angeordnet, dass in jedem deutschen Bundesstaate aus Künstlern verschiedener Kunstzweige, Kunsthändlern, anderen Kunstverständigen und Photographen Sachverständigen - Vereine gebildet werden sollen, welche Gutachten über die Nachbildung photographischer Aufnahmen abzugeben haben.

Diese Vereine sind vom Staate berufene und auf richterliches Erfordern zur Abgabe der Gutachten verpflichtete öffentliche Behörden im Sinne der § 73 Abs. 2 St.-P.-O. und § 396 Abs. 2 C.-P.-O., weshalb auch die Verlesung ihrer abgegebenen Gutachten oder ihre Vertretung durch ein Mitglied bei der Verhandlung vor den Strafkammern der Gerichte (§ 255 St.-P.-O.) gestattet ist.

Andere Personen »sollen«, wie es an den beiden eben erwähnten Gesetzesstellen heisst, nur dann als Sachverständige gewählt werden, wenn besondere Umstände es erfordern, z. B. die durch eine vorläufige Beschlagnahme bedingte Dringlichkeit der Sache. Ueber das Vorhandensein einer solchen entscheidet ebenfalls der Richter nach seinem freien Ermessen. Damit ist ihm, ohne dass dagegen ein Rechtsmittel oder eine Nachprüfung im Wege der Revision zulässig wäre, freigestellt, auch andere Sachverständige, ja selbst lediglich einen einzigen, zu hören. Ebenso können im Civilverfahren die Beklagten und im Strafverfahren Angeklagte und Nebenkläger besondere Sachverständige vorladen lassen, deren Vernehmung nach § 369 Abs. 3 C.-P.-O. und 4 sowie nach § 244 St.-P.-O. nicht abgelehnt werden darf. Durch die von den Sachverständigen abgegebenen Gutachten ist der Richter in der Freiheit eigener Prüfung der Richtigkeit derselben nicht gebunden. Die in den Gutachten entwickelten technischen Gesichtspunkte sollen ihn bei der Urtheilsbildung nur unterstützen und aufklären, seine freie Beurtheilung aber nicht schmälern.

Die Sachverständigenvereine haben übrigens auch im strafrechtlichen Ermittelungsverfahren auf Antrag der Staatsanwaltschaft (§ 159 St.-P.-O.) ihr Gutachten abzugeben.

Macht das Gericht von der Einholung eines Gutachtens seitens eines Sachverständigenvereins Gebrauch, so ist es an den Verein seines Bundesstaates gebunden.

Um die irrige Auffassung, dass die Sachverständigenvereine nur zum Zwecke der Abgabe von Obergutachten bestellt seien, zu beseitigen, hat das preussische Justizministerium sich in seiner Verfügung vom 5. Juli 1882 (J.-M.-Bl. S. 199) folgendermassen ausgesprochen: ,Ein solches Verfahren, welchem in manchen Fällen die irrige Meinung zu Grunde gelegen zu haben scheint, dass die Sachverständigenvereine zur Abgabe von Obergutachten berufen seien, ist geeignet, die Thätigkeit dieser Vereine erheblich zu beeinträchtigen, wenn nicht ganz aufzuheben. Es gereicht dies aber nicht minder den Sachen, als auch den Parteien zum Schaden da die als Sachverständige zugezogenen Einzelpersonen häufig die für die Begutachtung erforderliche Erfahrung nicht besitzen, ihnen auch die Urheberrechtsgesetz-gebung überhaupt nicht oder nur in ungenügender

Weise bekannt ist, und sie mit den bereits vorhandenen
Erscheinungen auf diesem Gebiete nicht hinreichend
vertraut sind, so dass sie vielfach materiell unrichtige
Gutachten abgeben. Es wird daraus Veranlassung
genommen, den Justizbehörden zu empfehlen, die Gutachten in Nachdrucks- und Nachbildungsfällen von
den Sachverständigenvereinen zu erfordern, sofern
nicht besondere Umstände eine Ausnahme erheischen.«
Die Sachverständigenvereine sind als Kor-
porationen überdies befugt, nach Vereinbarung der
Betheiligten und auf deren Anrufen auch als Schieds-
gerichte an Stelle des Civilgerichts über die streitigen
Entschädigungsansprüche und die Einziehung zu ent-
scheiden, also nicht auf Strafe oder Busse zu erkennen,
und kommen in Bezug auf das Verfahren und die
Vollstreckung ihrer Bescheide die gewöhnlichen Vorschriften der C.-P.-O. § 851 bis 872 zur Anwendung.
Die Zusammensetzung und der Geschäfts-
betrieb der Sachverständigenvereine ist durch die
Instruction des Reichskanzleramtes vom 29. Februar
1876 und die Bekanntmachung des Reichskanzlers
vom 16. Juli 1879 (Reichs-Centralblatt 1876 S. 117
und 1879 S. 490), soweit der Schutz der Photographien
gegen unbefugte Nachbildung in Betracht kommt,
wie folgt, geregelt:
»§ 1: In Gemässheit .... b) des § 10 des Gesetzes
vom 10. Januar 1876 etc. werden .... b) photographische Sachverständigenvereine gebildet. In keinem
Bundesstaate darf mehr als ein photographischer Sachverständigenverein bestehen. — § 2. Der photographische Sachverständigenverein besteht aus je
sieben Mitgliedern, einschliesslich des Vorsitzenden.

Für den Fall der Verhinderung einzelner Mitglieder
wird eine Anzahl Stellvertreter ernannt. — § 3. Die
Ernennung der Mitglieder und Stellvertreter erfolgt
durch die zuständige Centralbehörde, welche auch den
Vorsitzenden und dessen Stellvertreter aus der Zahl
der Vereinsmitglieder bestimmt. Die Mitglieder und
Stellvertreter werden als Sachverständige ein für alle-
mal gerichtlich vereidet. — § 4. Die Vereine haben
das von ihnen verlangte Gutachten nur dann abzugeben,
wenn von dem ersuchenden Gerichte 1. in dem Ersuch-
schreiben die zu begutachtenden Fragen einzeln auf-
geführt, 2. dem Vereine übersendet sind a) die gericht-
lichen Akten, b) die zu vergleichenden Gegenstände,
deren Identität durch Anhängung des Gerichtssiegels
oder auf andere Weise ausser Zweifel gestellt und
gegen Verwechslung gesichert ist. — § 5. Sobald
der Antrag auf Erstattung eines Gutachtens von Seiten
des Vereins an den Vorsitzenden desselben gelangt
ist, ernennt der Letztere nach seinem Ermessen ein
oder zwei Mitglieder zu Referenten, welche ihre
Meinung schriftlich abzugeben und in einer demnächst
anzuberaumenden Sitzung des Vereins vorzutragen
haben. Nach stattgehabter Berathung erfolgt durch
Stimmenmehrheit der Beschluss. Bei Stimmengleichheit
giebt die Stimme des Vorsitzenden den Ausschlag. —
§ 6. Zur Fassung eines giltigen Beschlusses ist bei
dem photographischen Sachverständigenverein die An-
wesenheit von wenigstens fünf Mitgliedern, einschliesslich des Vorsitzenden und der etwa zugezogenen Stellvertreter erforderlich. Es dürfen bei dem photographischen Verein nicht mehr als sieben Mitglieder
an dem Beschlusse Theil nehmen. — § 7. Nach

4*

Massgabe des gefassten Beschlusses wird das Gutachten ausgefertigt, von den bei der Beschlussfassung
anwesend gewesenen Mitgliedern des Vereins unter-
schrieben und mit dem dem Verein zu überweisenden
Siegel untersiegelt. Die etwaige Verordnung von
Stempeln zu dem Gutachten richtet sich nach den
Gesetzen der einzelnen Bundesstaaten. — § 8. Jeder
Verein ist befugt, für das von ihm abgegebene Gutachten an Gebühren 30 bis 300 Mark zu liquidiren,
welche vom requirirenden Gerichte sofort nach Ein-
gang des Gutachtens dem Vorsitzenden des Vereins
kostenfrei übersandt werden. (Nach Beschluss des
O.-L.-G. zu München vom 3. Juli 1890 unterliegt die
Liquidation, die sich innerhalb dieses Rahmens hält,
nicht der richterlichen Festsetzung.) — § 9. Wenn
die betheiligten Parteien in Gemässheit des § 31 Abs. 2
des Gesetzes vom 11. Juni 1870 einen Sachverständigenverein als Schiedsrichter anzurufen beabsichtigen,
so haben sie ihre diesfallsigen Anträge in beglaubigter
Form an den Verein gelangen zu lassen. Die in den
§§ 4 bis 8 enthaltenen Bestimmungen kommen auch
in diesem Falle entsprechend zur Anwendung.

IX.

Civilrechtliche Folgen der verbotenen Nachbildung und Verbreitung.

Die rechtliche Folge der verbotenen Nachbildung eines photographischen Werkes und seiner gewerbsmässigen Verbreitung werden gemäss § 9 Ph.-Sch.-G. nach den einschlägigen Vorschriften des allgemeinen Urheberrechtsgesetzes vom 11. Juni 1870 beurtheilt. Sie sind doppelte, nämlich civil- und strafrechtlicher Natur. Betrachten wir hiervon zunächst die erstere, so äussert sie sich in der Verpflichtung desjenigen, der vorsätzlich oder aus Fahrlässigkeit eine photographische Nachbildung in der Absicht, sie innerhalb oder ausserhalb des Deutschen Reiches zu verbreiten, veranstaltet hat, den Urheber oder dessen Rechtsnachfolger zu entschädigen.

Als Veranstalter der photographischen Nachbildung ist derjenige anzusehen, auf dessen kaufmännische, geschäftliche oder technische Veranstaltung hin die mechanische Vervielfältigung der Photographie und die darauf folgende Verbreitung geschieht, also auch derjenige Photograph, der zwar für einen Verleger die Nachbildung herstellt, aber weiss, dass es sich um eine zu verbreitende unerlaubte Vervielfältigung handelt. Fehlt ihm dies Bewusstsein, dann ist er als blosses Werkzeug des Bestellers und Verlegers zu betrachten und kann für die That der Herstellung und Verbreitung nicht verantwortlich gemacht werden. In solchem Falle ist nur der Besteller und Verleger haftbar.

Mit Vorsatz handelt derjenige, der sich bewusst ist, dass ihm die Berechtigung zur Nachbildung abgeht, auf das Vorhandensein einer gewinnsüchtigen Absicht kommt es nicht an. Fahrlässigkeit ist anzunehmen, wenn der Veranstalter die Nachbildung zwar vom Bestehen der Berechtigung eines Anderen auf das Original keine Kenntniss hat, wohl aber sich mit Anwendung der gewöhnlichen Sorgfalt, Vorsicht und Besonnenheit hierüber Gewissheit hätte verschaffen können, es sich also auf seiner Seite um einen vermeidbaren Irrthum handelt.

Dagegen fällt die civilrechtliche Haftung weg, wenn entschuldbarer Irrthum in Bezug auf Thatumstände vorliegt, die zum gesetzlichen Thatbestand der Nachbildung gehören, während der entschuldbare Rechtsirrthum, der auf Unkenntniss oder unrichtiger Auffassung der gesetzlichen Bestimmungen beruht, zwar die strafrechtliche Verantwortlichkeit ausschliesst, nicht aber die civilrechtliche Entschädigungspflicht.

Die Absicht der Verbreitung der hergestellten Nachbildungs-Exemplare innerhalb oder ausserhalb des Deutschen Reiches im weitesten Sinne des Wortes, wie wir diesen Begriff unter No. V festgestellt haben, also im Gegensatze zur Absicht der Verwendung zum eigenen Gebrauch, bildet ein wesentliches Merkmal des

Thatbestandes und muss vom Kläger bewiesen werden. Sie kann indessen nach dem Grundsatz der freien Beweiswürdigung aus dem ganzen Gange der Verhandlung, insbesondere aus der hergestellten grösseren Anzahl von nachgebildeten Exemplaren gefolgert werden.

Ueber die Höhe des dem Verletzten durch die Nachbildung und Verbreitung zugefügten Schadens oder das zu ersetzende Interesse entscheidet das Gericht unter Würdigung aller Umstände nach freier Ueberzeugung. Ob und inwieweit eine beantragte Beweisaufnahme oder, namentlich, wenn es sich um technische Fragen handelt, von Amtswegen die Begutachtung durch Sachverständige, worüber wir das Erforderliche unter No. VIII. dieser Abhandlung dargelegt haben, anzuordnen ist, bleibt dem Ermessen des Gerichtes überlassen. Dasselbe kann den Schaden oder das Interesse durch den Beweisführer selbst eidlich schätzen lassen, in welchem Falle aber das Gericht zugleich den Betrag zu bestimmen hat, der die eidliche Schätzung nicht übersteigen darf (§ 19. Ges. v. 11. Juni 1870 und § 260 C.-P.-O).

Die Entschädigungsforderung steht deren Urheber oder dessen Rechtsnachfolger zu. Inwieweit das eine oder andere zutrifft, bestimmt sich nach der Frage, ob das Recht des einen oder des anderen oder auch beider (z. B. bei beschränkter Uebertragung des Nachbildungsrechts) verletzt wurde. Sind Mehrere beschädigt, so ist ein mehrfacher Entschädigungsanspruch begründet.

Trifft den Veranstalter der unerlaubten Nachbildung der Photographie kein Verschulden, so haftet er trotzdem nach § 18 Abs. s des U.-G. vom 11. Juni 1870 dem Urheber oder dessen Rechtsnachfolger für den entstandenen Schaden, aber nur bis zur Höhe der ihm dadurch gewordenen Bereicherung. Während die Schadensersatzklage sich auf die Thatsache des Verschuldens des Veranstalters der Nachbildung zu stützen hat, fällt dieser Schuldbegriff seinem Wesen nach für die Bereicherungsklage hinweg. Daher ist es unzulässig, dass der Berechtigte, wenn ihm der Beweis über das Verschulden des Veranstalters misslungen ist, die Klage ohne weiteres vom Gesichtspunkte der Bereicherung aufrecht erhalten wollte (§ 240 C.-P.-O). — Die Billigkeitsrücksicht, dass Niemand durch eine objektiv widerrechtliche Handlung zum Nachtheile des Berechtigten einen Gewinn machen soll, erfordert, dass diese Bestimmung nicht allein auf denjenigen zu beziehen ist, welcher durch eine von ihm selbst, sondern auch auf denjenigen, welcher durch eine von einem anderen in seinem Namen und für seine Rechnung veranstaltete Nachbildung zum Schaden des Berechtigten bereichert ist (vergl. U. 29. v. 24. März 1894).

Die Höhe der Bereicherung wird mittelst Abzugs der durch die Herstellung der Nachbildung entstandenen Kosten nebst Zinsen aus dem daraus verwendeten Kapital von der Einnahme aus den verkauften Nachbildungsexemplaren festgestellt. Diese Bereicherungsklage verjährt in drei Jahren.

X.

Strafrechtliche Verfolgung der verbotenen Nachbildung und Verbreitung.

Die unerlaubte Nachbildung eines photographischen Werkes und seine gewerbsmässige Verbreitung zieht, wie wir Eingangs der No. IX erwähnt haben, nicht bloss civilrechtliche, sondern auch strafrechtliche Folgen nach sich, die wir nunmehr darzulegen haben.

Des strafbaren Vergehens der Nachbildung macht sich schuldig, wer von photographischen Werken inländischer Urheber, gleichviel ob dieselben im Inland oder Auslande erschienen sind, eine widerrechtliche Nachbildung mit der Absicht des Verbreitens der nachgebildeten Exemplare veranstaltet und veranlasst hat, sowie wer sie gewerbsmässig feilhält, verkauft oder in sonstiger Weise verbreitet. Der Bestrafung wegen Verbreitung unterliegen auch die Veranstalter und Veranlasser, wenn sie nicht schon als solche oder desshalb wegen eingetretener Verjährung nicht mehr strafbar sein sollten. Das Vergehen der Verbreitung an sich bildet nicht eine Betheiligung an der Nachbildung, sondern eine besonders eigenartige, selbständige strafbare Handlung neben der Veranstaltung und Veranlassung. Doch ist eine gesonderte

Bestrafung wegen jeder der beiden Handlungen, welche
die nämliche Nachbildung betreffen, unzulässig.

In jedem dieser Fälle setzt die Strafbarkeit v o r -
sätzliches oder fahrlässiges Handeln der Beschuldigten in dem bereits in No. IX dargelegten
Sinne voraus. Ausgeschlossen ist die Bestrafung, sowie
auch die civilrechtliche Haftung, wenn Veranstalter
und Veranlasser im entschuldbaren, thatsächlichen oder
rechtlichen (d. i. das einschlägige Strafgesetz betreffenden) Irrthum im guten Glauben gehandelt haben.
Bei Beurtheilung der Entschuldbarkeit kommt es
wesentlich auf die Person des Thäters selbst an, ob
er aus guten Gründen überzeugt sein konnte, dass er
bei der That nicht gegen das Gesetz handelte.

Vollendet ist die Nachbildung eines photographischen
Werkes mit der vollständigen Herstellung der ersten
ohne Zustimmung des Berechtigten zur Verbreitung bestimmten Nachbildung, wenngleich die Verbreitung
selbst noch nicht stattgefunden hat. Handelt es sich
um unzulässigen Gewerbebetrieb mit nachgebildeten
Photographien, so bilden die sämmtlichen Einzelhand-
lungen nur eine einzige Gesamthandlung, weshalb
auch nur e i n e Bestrafung erfolgen kann. Wurden
aber photographische Nachbildungen von Werken der
bildenden Kunst verschiedener Urheber gewerbsmässig verkauft, so liegen ebensoviele selbständige
strafbare Handlungen vor, als Einzelrechte verletzt
sind. Die Strafe ist für jedes einzelne Werk auszusprechen.

Der Versuch, der mit dem Anfange der Vervielfältigung bei der Photographie mit der Herstellung
des Negativs der Aufnahme beginnt, ist straflos, jedoch

kann in solchem Falle die Einziehung der Nachbildungs-Exemplare beantragt werden, selbst wenn der Thäter freiwillig vom Versuche abgestanden ist.

Die Strafbarkeit der Theilnehmer richtet sich nach den allgemeinen strafrechtlichen Vorschriften.

Die Strafe geht auf Geldstrafe bis zu 3000 Mark, welche für den Fall der Uneinbringlichkeit in eine Freiheitsstrafe bis zu sechs Monaten umzuwandeln ist. Falls jedoch die Geldstrafe 600 Mark und die an ihre Stelle zu tretende Freiheitsstrafe sechs Wochen nicht übersteigt, kann an ihre Stelle auch Haft treten.

Die strafrechtliche Verfolgung setzt Stellung des Strafantrages seitens desjenigen, der durch die Nachbildung in seinem Schutzrechte beeinträchtigt oder geschädigt ist, voraus. Als Verfertiger der Original-Photographie ist nach § 5 des Ph.-Sch.-G. bis zum Beweis des Gegentheils derjenige anzusehen, dessen Name oder Firma auf den Abbildungen steht, und in Ermangelung einer solchen Angabe ist der Verleger berechtigt, die dem Urheber zustehenden Rechte wahrzunehmen, indem derselbe ohne weiteren Nachweis als der Rechtsnachfolger des Urhebers zu gelten hat. Sind mehrere Berechtigte vorhanden, so kann Jeder unabhängig vom Anderen diesen Antrag stellen, wenngleich wegen der nämlichen Rechtsverletzung ungeachtet der mehreren Anträge und mehreren Verletzten nur einmalige Strafe ausgesprochen werden kann. Der Antrag muss binnen drei Monaten nach der Kenntniss von der Nachbildung gestellt werden. Rücknahme desselben ist bis zur Verkündung des Strafurtheils zulässig. Ein Antrag, der lediglich auf Einziehung und Vernichtung der

nachgebildeten Exemplare, sowie der zur wider-
rechtlichen Vervielfältigung ausschliesslich bestimmten
Vorrichtungen geht, ist solange statthaft, als solche
Exemplare und Vorrichtungen überhaupt noch vorhanden sind, ist also an keine Verjährung gebunden,
kann desshalb bezüglich der Nachbildungs-Exemplare
sogar noch nach Ablauf der Schutzfrist gestellt werden,
dagegen nach dieser Zeit nicht mehr bezüglich der
Vorrichtungen.

Eine weitere Rechtsfolge widerrechtlicher Nachbildung ist die oben schon erwähnte Einziehung
der vorräthigen und im Eigenthum des Veranstalters,
Veranlassers, Druckers, Buchhändlers, Verlegers und
sonstigen gewerbsmässigen Verbreiters noch vorhandenen Nachbildungs-Exemplare und der zur Herstellung der Vervielfältigung bestimmten Vorrichtungen
(des photographischen Negativs, der bearbeiteten
Platte), die im Strafverfahren, wie im Zivilrechtswege
vom Beschädigten beantragt werden kann, dagegen
sind die bereits in Privatbesitz übergegangenen Nachbildungen von dieser Massregel ausgeschlossen. Bei
der rein präventiven nicht strafrechtlichen Natur derselben ist es auch zulässig, dass der Beschädigte,
wenn er von einem Strafantrage absieht, sich nur
auf den Antrag auf Einziehung beschränkt.

Beim Versuch ist nur die Einziehung der Vorrichtungen als Sicherungsmassnahme statthaft.

Die eingezogenen Nachbildungs-Exemplare und
hierzu ausschliesslich benutzten Vorrichtungen (Negative
bearbeitete Platten etc.) werden nach Rechtskraft der
die Einziehung aussprechenden Entscheidung entweder

vernichtet oder auch nur ihrer gefährdenden Form
entkleidet und alsdann dem Eigenthümer zurückgegeben. Ob das Eine oder Andere zu geschehen hat,
ist vom Richter nach dem Gesichtspunkte zu ent-
scheiden, dass der Schutzberechtigte möglichst vor
künftiger Beschädigung gesichert werden soll. Ist nur
ein Theil des Werkes als Nachbildung anzusehen, so
erstreckt sich die Einziehung nur auf den nachgebildeten Theil des Werkes und die Vorrichtungen zu
diesem Theil, falls eine solche Ausscheidung mechanisch
thunlich ist; indessen bildet hierbei die dadurch etwa
herbeigeführte Aufhebung des organischen Zusammen-
hangs des Werkes selbst kein Hinderniss.

Als Sicherungsmassregel tritt die Einziehung auch
dann ein, wenn der Veranstalter oder Veranlasser oder
Verbreiter weder vorsätzlich noch fahrlässig gehandelt
hat, sie erfolgt auch gegen die Erben derselben.

Den Beschädigten steht frei, die Nachbildungs-
Exemplare und Vorrichtungen ganz oder theilweise
gegen Zahlung der Herstellungskosten zu übernehmen,
sofern dadurch nicht die Rechte eines Dritten verletzt
oder gefährdet werden. Indessen wird hierbei nicht
unbedingt schon der Eintritt eines Schadens voraus-
gesetzt; besteht ein solcher, so kann der Schutzberechtigte ausserdem noch den Ersatz desselben
geltend machen. Ausserdem ist, wenn die strafprozess-
rechtlichen Bedingungen gegeben sind, die vorläufige
Beschlagnahme der Nachbildungs-Exemplare und Vorrichtungen zulässig.

Endlich hat das Gericht auf ausdrückliches Ver-
langen des Beschädigten, der sich zu diesem Zwecke

im Strafverfahren als Nebenkläger anschliessen muss,
im Falle des Vorhandenseins eines Schadens statt der
Entschädigung gegen den Veranstalter oder Veranlasser neben der Strafe auf eine an ihn, den
Beschädigten, zu erlegende Geldbusse bis zum Be-
trage von 6000 Mark zu erkennen. Die Festsetzung
der Summe steht im freien Ermessen des Richters,
der hierbei auch nicht an die allenfalsigen, übrigens
nicht erforderlichen Beweisanträge des Nebenklägers
gebunden ist. Diese Busse trägt nicht die Natur einer
Strafe, sondern lediglich die eines civilrechtlichen
Schadenersatzes an sich. Doch kann sie nur erkannt
werden, wenn Strafen ausgesprochen wurden. Sind
Mehrere, welche die Nachbildung gemeinschaftlich
ausgeführt oder veranlasst haben, zu einer Busse
verurtheilt, so haften sie als Gesamtschuldner.
Dagegen ist der Verbreiter der nachgebildeten Exemplare nur nach Massgabe des von ihm verursachten
Schadens zur Entschädigung des Urhebers verpflichtet.

Wurde dem Beschuldigten eine Busse zugesprochen,
so wird für ihn dadurch die Geltendmachung eines
weiteren Entschädigungsanspruchs im Civilrechtswege
ausgeschlossen, bleibt aber bestehen, falls sein Antrag
auf Busse abgelehnt wird.

Die Strafverfolgung wegen Nachbildung und Verbreitung verjährt ebenso, wie die civilrechtliche
Entschädigungsklage einschliesslich der Bereicherungsklage in drei Jahren. Diese Verjährung beginnt
gegen den Nachbildner mit der erstmaligen Verbreitung der Nachbildungs-Exemplare und gegen den
gewerbsmässigen Verbreiter mit dem Tag, an dem die
Verbreitung, d. i. die Uebergabe oder der Verkauf

an einen Dritten, zuletzt stattgefunden hat, da es sich hier um eine festgesetzte That handelt. Ist der Nachbildner zugleich Verbreiter, so kann, falls die Strafverfolgung der Nachbildung bereits verjährt ist, doch noch wegen der Verbreitung auf Strafe erkannt werden. Unterbrochen wird die Verjährung der Strafverfolgung durch jede richterliche gegen den Thäter gerichtete Handlung. Nach der Unterbrechung beginnt eine neue Verjährung.

Druck von Albert Hille, Dresden-N., Kaiserstr. 3.